PIANO · VOCAL · GUITAR

DAUGHTRY

ISBN-13: 978-1-4234-4671-2
ISBN-10: 1-4234-4671-2

HAL•LEONARD®
CORPORATION
7777 W. BLUEMOUND RD. P.O. BOX 13819 MILWAUKEE, WI 53213

Visit Hal Leonard Online at
www.halleonard.com

IT'S NOT OVER

Words and Music by CHRIS DAUGHTRY,
GREGG WATTENBERG, MARK WILKERSON
and BRETT YOUNG

Recorded a half step lower.

USED TO

Words and Music by CHRIS DAUGHTRY,
HOWARD BENSON and ZAC MALOY

To Coda

and I want you to be there, 'cause I miss

the things that we shared. Look a-round you,

it's emp-ty and you're sad 'cause you miss

the love that we had. You used to talk to me like

HOME

Words and Music by
CHRIS DAUGHTRY

Moderately

I'm star - in' out __ in - to __ the night __

try - ing to hide __ the pain.

Recorded a half step lower.

OVER YOU

Words and Music by CHRIS DAUGHTRY
and BRIAN HOWES

Driving Rock

Now that it's all said and done, I can't be-lieve you were the one
You took a ham-mer to these walls, dragged the mem - 'ries down the hall,

____ to build me up, ____ then tear me down ____ like an old ____ a-ban-doned house.
____ packed your bags ____ and walked a - way, ____ there was noth - ing I could say.

And what you said when you left just left me cold ____ and out of breath, ____
And when you slammed the front door shut, a lot of oth - ers o - pened up, ____

To Coda

fi - n'lly get - ting bet - ter. Now I'm pick-ing up the piec - es and spend-ing all of these years

put - ting my heart back to - geth - er. 'Cause the day I thought I'd nev - er get through, ___

___ I got o - ver you.

CRASHED

Words and Music by CHRIS DAUGHTRY,
KATHY SOMMER, NINA OSSOFF
and DANA CALITRI

To Coda ⊕

FEELS LIKE TONIGHT

Words and Music by SHEP SOLOMON,
MARTIN SANDBERG and LUKASZ GOTTWALD

*Recorded a half step lower.

WHAT I WANT

Words and Music by CHRIS DAUGHTRY
and BRIAN HOWES

To Coda

As days go by, ___ I've fi - nal - ly ___ be - come ___ what you ___

___ want ___ me ___ to ___ be. ___

Don't tell ___ me you saw it all a - long,

BREAKDOWN

Words and Music by
CHRIS DAUGHTRY

Driving Rock

O - pen up the book __ you beat __ me with __ a - gain,
Read it all, no need __ for sep - a - rat - ing it,   you

read it off __ one sen - tence at __ a time. __   I'm
see what you want and try to jus - ti - fy. _____

tired of all __ the lines, __   con - vic - tions and __ your lies, _____ what
All your lit - tle lines, __   con - vic - tions and __ your lies, _____ what

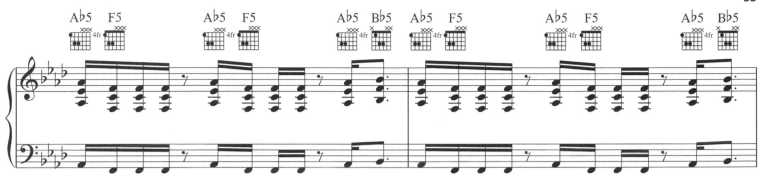

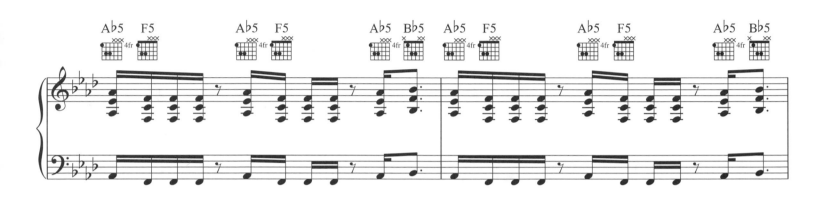

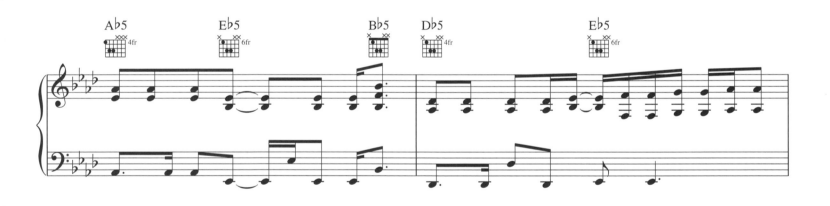

O - pen up the book___ you beat___ me with___ a - gain,

GONE

Words and Music by
CHRIS DAUGHTRY

Heavy groove

THERE AND BACK AGAIN

Words and Music by CHRIS DAUGHTRY
and BRENT SMITH

Heavy groove Rock

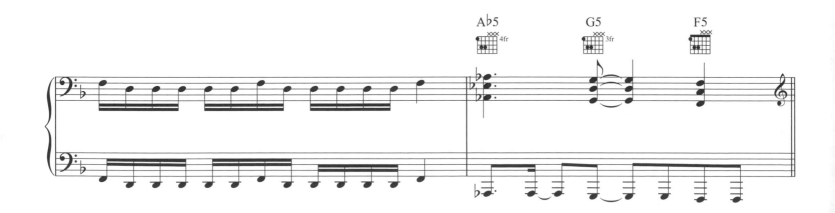

shine, _____ here's your mo- ment _ to

shine, _____ shine. _____

Lay it _____ down, _ my friend, close your _ eyes, _ breathe in and

I'll _____ take _ you there and _ back _ a- gain.

ALL THESE LIVES

Words and Music by CHRIS DAUGHTRY
and MITCH ALLAN

Steady Rock feel

Does-n't come down when she calls, it's time for break-fast.

Mom-ma can't get down those halls fast e-nough to see.

Glass is sprayed a-cross the floor from the bro-ken win-dow,
Pos-ters hung on build-ing walls of miss-ing fac-es,

To Coda

Em

Shed the light _ on all _ the ones _ who nev - er thought _ they would _ be - come

D

C

a fa - ther, moth - er ask - ing

D

why this world _ can be _ so cold. _

C **G** **D** **Em** **D**

Does - n't come _ down when _ she calls, _____ it's time for break - fast.

C **G** **D** **Em** **D** **D.S. al Coda**

The mem - o - ries _ be - gin _ to fall, _____ she asks, "When will I ___ be free?"

WHAT ABOUT NOW

Words and Music by DAVID HODGES,
BEN MOODY and JOSH HARTZLER

Moderate Ballad

Shad-ows fill __ an emp-ty heart __ as love is fad-ing

from all the things __ that __ we are __ and are __ not say-ing.

Can we see __ be-yond __ the scars __ and make __ it to __ the dawn?